오드리의 놀라운 발명

어린이공학자 04
오드리의 놀라운 발명

1판 1쇄 발행 | 2018. 11. 30
1판 3쇄 발행 | 2020. 10. 27

레이첼 발렌타인 글 | 케이티 웨이머스 그림 | 신지호 옮김

발행처 김영사
발행인 고세규
편집 고영완 디자인 수연
등록번호 제 406-2003-036호
등록일자 1979. 5. 17.
주   소 경기도 파주시 문발로 197(우-10881)
전   화 마케팅부 031-955-3100 편집부 031-955-3113~20
팩   스 031-955-311

값은 표지에 있습니다. ISBN 978-89-349-8351-4 74500 | 978-89-349-8354-5(세트)

AUDREY THE AMAZING INVENTOR
Copyright © 2018 Quarto Publishing plc
Text © Rachel Valentine
Illustrations © Katie Weymouth
First published in 2018 by words & pictures, an imprint of The Quarto Group.
All rights reserved.
Korean translation copyright © 2018 by GIMM-YOUNG PUBLISHERS, INC.
Korean translation rights arranged with Quarto Publishing Plc
through EYA(Eric Yang Agency)

이 책의 한국어판 저작권은 EYA(Eric Yang Agency)를 통한 Quarto Publishing plc사와의 독점 계약으로 (주)김영사가 소유합니다.
저작권법에 의해 한국 내에서 보호를 받는 저작물이므로 무단전재 및 복제를 금합니다.

좋은 독자가 좋은 책을 만듭니다. 김영사는 독자 여러분의 의견에 항상 귀 기울이고 있습니다.
전자우편 book@gimmyoung.com | 홈페이지 www.gimmyoungjr.com

이 도서의 국립중앙도서관 출판시도서목록(CIP)은 서지정보유통지원시스템 홈페이지(http://seoji.nl.go.kr)와
국가자료공동목록시스템(http://www.nl.go.kr/kolisnet)에서 이용하실 수 있습니다. (CIP제어번호 : CIP2018031929)

어린이제품 안전특별법에 의한 표시사항
제품명 도서 제조년월일 2020년 10월 27일 제조사명 김영사 주소 10881 경기도 파주시 문발로 197
전화번호 031-955-3100 제조국명 대한민국 ⚠주의 책 모서리에 찍히거나 책장에 베이지 않게 조심하세요.

글 레이첼 발렌타인

베스트셀러 그림책《아주 남다른 드래곤 Marmaduke the Very Different Dragon》의 작가로, 남편과 두 아들,
그리고 강아지 스카우트와 함께 영국 켄트에 살고 있습니다. 스카우트는 어떻게 하면 고양이가 행복해 하는지 잘 알고 있어서
책 쓸 때 도움을 주었답니다.

그림 케이티 웨이머스

영국 리버풀 존 무어스 대학교에서 일러스트레이션을 전공하고 그동안 화가, 미술교사, 장식가로 활동했습니다.
지금은 리버풀 근처에서 짝꿍, 강아지 세 마리와 함께 살고 있습니다. 이 책은 케이티의 첫 작품입니다.

옮김 신지호

서울에서 태어나 숙명여자대학교 아동복지학부에 재학, 현재 프랑스 파리에서 교환학생으로 공부하고 있습니다.
어린이책을 좋아해 '한겨레 어린이책 번역작가 과정'을 수료했으며 좋은 교사가 되고 싶은 꿈을 키워 가고 있습니다.
그동안 번역한 책으로《완벽한 계획에 필요한 빈칸》《왜 나만 달라?》《으르렁 으르렁!》《즐거운 우리 집》등이 있습니다.

오드리는 호기심이 엄~청 많은 아이야.

오드리는 끊임없이 질문을 만들고
끊임없이 해답을 찾아.

물건을 이리저리 조몰락거리면서
그게 어떻게 작동하는지 알아내는 걸 좋아해.

어느 날, 학교에서 선생님이 물었어.
"오드리, 넌 커서 어떤 일을 하는 사람이 되고 싶니?"
오드리의 얼굴이 환하게 빛났지.

야옹이가 신나게 갖고 놀 기발한 물건?
아빠한테 꼭 필요한 기발한 물건?

오드리는 떠오르는 생각을 후다닥 그린 다음
발명품을 만들기 시작했어.

달걀을 모아 주는 기계는 아빠의 아침을
훨씬 편하게 해 줬어…….

음……,
생각만큼 잘되지 않았지만.

야옹이 낙하산은 아주 대단했지…….

비록 야옹이는 그렇게
생각하지 않았지만.

사실, 야옹이나 아빠는 오드리의 발명품을
그다지 달가워하지 않는 것 같았어.
발명품이 어땠느냐면……,

엄청 무시무시하거나
완전 엉망진창이었거든.
어떨 때는 굉장히 이상했고.

게다가 딸기잼을 발라 주는
기계는 말이지…….

"야옹아, 미안. 발명가 되기는 쉽지 않은가 봐."
오드리는 한숨을 푹 내쉬었어.
그러면서 야옹이의 끈적끈적해진 털을 쓰다듬었지.
바로 그때 기발한 생각이 떠올랐어.
어쩐지 이번에는 잘될 것 같았어!

오드리는 창고로 곧장 달려가
쿵쾅쿵쾅, 덜컥덜컥, 똑딱똑딱 무언가를 열심히 만들었어.

오드리는 안에서 맛있는 생선 냄새를 폴폴 피웠어.
야옹이가 곧장 그 냄새를 쫓아갔는데…….

거기엔……
고양이가 싫어하는
샤워기가 있지 뭐야.

샤워기에서 거품이 **뽀글뽀글**……

뽀글뽀글……,

뽀글뽀글 일더니……,

"안 돼! 거품은 이제 그만!" 오드리가 소리쳤어.

오드리는 완전 시무룩해졌지.

"아아, 정말이지 난 최악의 발명가야!"
오드리는 속상해서 엉엉 울었어.

그날 밤 잠들기 전에 아빠가 말했어.
"기운 내. 발명가들이 처음부터 다 성공하는 건 아니란다."
"하지만 내가 만든 건 모조리 엉망진창이었단 말이야."
오드리가 풀이 꺾인 목소리로 대답했어.
"네가 거기에서 뭔가를 배울 수 있다면 그건
엉망진창이 아니지. 계속 노력해 봐."
아빠가 웃으며 말했어.

아빠의 격려에 오드리는 기분이 훨씬 좋아졌어.
곧 뭔가가 마음속에서 희미하게 빛나기 시작했어.
그건 점점 뚜렷해지더니 정말 근사한 아이디어가 되었어.
지금껏 최고의 아이디어였지!

이번에는 바로 시작하지 않고
계획을 짰어. 진짜 계획을 말이야.
몇 날 며칠 고민 고민하다가
밑그림을 그리고,
길이를 재고,
설계도를 그렸지.

필요한 물건을
모두 정확하게 챙겼어.

발명에 필요한 재료들을
조심조심, 정말 조심스럽게
자르고, 두드리고, 붙이고
칭칭 감았어.

그러고는 완성된 발명품을 시험하고
또 시험해 봤어. 그렇게 한참이 지나
드디어 준비가 되었어!

아빠는 오드리가 뭘 하는지
궁금해서 참을 수 없었어.
하지만 오드리가 웃으며 말했지.
"내일 아침까지는 절대 문을 열면
안 돼요!"

아침 해가 떠오르자, 오드리는 늘어지게 기지개를 켰어.
그러고는 침대 위에 자그마한 조약돌 하나를 올려 놓고 톡 굴렸지.

이 조약돌이 도미노를
톡 건드렸고
도미노가 용수철을
톡 건드렸어.

용수철은 **통통** 튀어 계단 아래로 내려가 공 두 개를 살짝 쳤어. 빨간 공은 아빠를 깨웠어. **픽!** 나머지 초록 공은 계단으로 굴러 내려가 **핑!** 지렛대를 건드렸어. 그랬더니 기차가 움직이기 시작했어.

직칙폭폭 소리 내며 기차 바퀴가 **덜컹덜컹** 움직였어. 그러자 부엌 문과 연결된 체인이 감겨 올라갔지.

그런데 그때……
퍽!
천장에 매달린 야옹이 밥 기계가
빵빵해지더니 마구 흔들렸어.
"아, 안 돼! 또 엉망진창이 되어 버렸어!"
오드리가 울상이 되어 투덜거렸어.

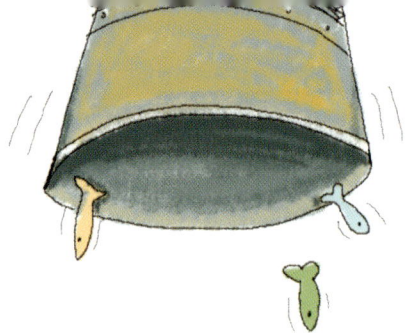

하지만 이번에는 야옹이도 아빠도 모두 신나 했지!